Título: CERVANTES ¡TIENES CORREO!
Autor: Dino Otero, 2011.
Safe Creative:
ISBN: 978-84-9981-706-4
Depósito Legal: M-21310-2011
Editor: Bubok Publishing S.L.
Buenos Aires.
dinootero@fibertel.com.ar

Charla por correo electrónico, con el Dr. Claudio Bollini[1], sobre los temas tratados en este libro:

El libro me resultó muy ameno, y me gustó tu imitación estilo de época. En particular, fueron muy intersantes los momentos donde asumís el papel desmitificador de "abogado del diablo". Asimismo, la respuesta de Don Quijote me resultó francamente divertida (aunque tal vez demasiado rápidamente concuerda con el final que tú propones). ¿Es cierto que el editor le impuso ese final?

Por lo pude consultar (no es un libro de citas bibliográficas sino de ¡hipotéticos planteos!), el editor era el que finalmente revisaba el libro e introducía "variaciones". No descartaría que le hubiera "impuesto-sugerido" algún final acorde con el que pone Cervantes

Lástima que no te detuviste más en el debate entre tu opinión sobre la irreligiosidad y lo que Muñoz Iglesias postulaba. (¡Es muy buena la diatriba al cura de la p. 40!)

De acuerdo pero, no quise presionar más de lo necesario sobre un planteo bastante osado y poco comprobado, más allá de los textos que he seleccionado.

Como tú sabes la palabra átomo en griego es "sin-división" o "no-divisible". Me parece que el uso del término en Cervantes tiene más que ver con expresar idiomáticamente "ni la más mínima parte" o "hasta lo más ínfimo"... Aunque, honestamente, lo del cap. XXVI me dejo dudando... ("mas impropiedades de que tiene átomos el sol")... No estoy seguro acerca de qué sentido puede haber querido Cervantes dar a esta comparación.

---

[1] Claudio Roberto Bollini es Doctor y Licenciado en Investigación Operativa. Entre sus obras más importantes, está "Las caricaturas de la fe" (2008, Editorial San Pablo).

Efectivamente la cita del Sol es impactante y que se pusiera de moda Lucrecio simultáneamente con la escritura de la segunda parte del Quijote también lo es. Además en la primera parte, escrita 10 años antes no hace ninguna mención de la palabra átomo. Resulta sorprendente que trescientos años después, un físico de la envergadura de Machtodaví afirmara: "¡Yo no creo que los átomos existan!"[2]

Es interesante saber que también Don Quijote entró en esa línea de paradojas que tanto fascinó a Russell. Por supuesto, conozco que ya Zenón de Elea proponía paradojas, pero éstas del estilo Russell son más lingüísticas y lógicas, mientas que las de Zenón atacaban el concepto filosófico del movimiento.

Se te olvida que Gödel genera su famoso teorema de incompletitud sobre la base de esas paradojas.

Un tema interesante es el que planteas en la página 51, a saber, ¿conocería Cervantes los relatos de Robin Hood? Por qué hoy en día, en este mundo globalizado, es fácil acceder a (y oír hablar sobre) la literatura de otros países, pero a fines del siglo XVI y principios del XVII, no sé si las bibliotecas serían tan surtidas... Como tampoco sé si la fama se extendía fuera de las culturas donde los juglares recogían las leyendas... En fin, no es tan fácil llegar a conocer qué sabía al respecto Cervantes ¿no?

¡Efectivamente!! Este asunto y el de los átomos revela un Cervantes muy inquieto por todo lo que pasaba en su mundo (... ¡y el pobre no tenía Internet!)

Volviendo al tema del final. No estoy seguro de coincidir con tu contundencia al condenar ese final. De acuerdo a lo que propones creo que habrías preferido un final más acorde con una novela de la corriente del Romanticismo, mientras que Cervantes, me parece, opta por un final más existencialista, donde Quijote descubre con tristeza su finitud y la dureza de

---

[2] David Lindley, *Boltzmann´s Atom*, Free Press, N.Y., 2001.

la realidad y se vuelve tan escéptico como un existencialista tipo Sartre. Me viene también a la mente la frase del Eclesiastés del Antiguo Testamento "Vanidad de vanidades, todo es vanidad..."

Puede ser pero, fíjate que me amparo en una frase del Quijote en la mitad del libro por la cual proclama que "Caballero es y caballero ha de morir". El empeño de su palabra es una constante a lo largo del libro y supongo que también lo era para Cervantes por lo que el final que propongo hubiera sido coherente con su proclama previa. Quizás el final podría ser un "caballero" que toma conciencia de la realidad, se apena por ella pero no renuncia a la posibilidad de enmendar las injusticias del mundo...

... a Dulcinea del Toboso por haber
logrado alegrar el corazón del Quijote,
cuando éste frisaba los cincuenta...

CERVANTES, ¡tienes correo!

Dino Otero
2011

… el poeta puede contar o cantar las cosas, no como fueron sino como debían ser; y el historiador las ha de escribir, no como debían ser sino como fueron, sin añadir ni quitar a la verdad cosa alguna.

Bachiller Sansón Carrasco, 1615.

email
Elemento enviado

De: Dino Otero <dinootero@fibertel.com.ar>
Para: mcs@eden.lamancha.es;
Enviado: miércoles, 9 de febrero, 2011 0:24:18
Asunto: Consulta personal

Estimado Don Miguel de Cervantes Saavedra, Distinguido y famoso soldado, novelista, poeta y dramaturgo español, autor de la obra cumbre de la literatura española.
Ante todo debo felicitarlo por su extraordinaria obra literaria "El Ingenioso Hidalgo Don Quixote de la Mancha". No me caben dudas que, de haber vivido usted más luengos años, los académicos de Estocolmo no habrían dudado en otorgarle el Nobel. Lo cual no le habría venido mal en sus finanzas pues el premio, que de eso se trata, le hubiera representado algo así como cuarenta y cinco millones de maravedíes.
La razón de estas líneas son las variadas dudas que me han surgido de leer y releer vuestra fabulosa obra. No me ha alcanzado para resolverlas, la

excelente versión puesta en el espacio por el Centro Virtual Cervantes[3].

Quizás, antes de comenzar con mis cuestiones, debiera pedirle disculpas por saltear algunas de las novelas que aquí y allá, usted ha insertado en la aventura del Ingenioso Hidalgo. No quisiera que usted pensara que me resultaron aburridas, tediosas y con falta de estilo, sino que más bien he tratado de concentrarme en la historia principal, evitando la inútil interferencia de esos relatos insulsos. Debo también disculparme pues la última lectura la he realizado de una versión electrónica, con lo cual no he apreciado el peso que usted le ha conferido a su magna obra. Corresponde si que le informe que, la fama que usted esperaba superó todo lo que hubiese imaginado. Llevaba usted, según nos cuenta, treinta mil volúmenes impresos de la primera parte cuando ya escribía la segunda. Deseaba vuesa merced en ese entonces, que se imprimieran treinta mil veces de millares, es decir treinta millones. Le seguro que ha superado largamente esa cifra. Para serle franco ya nadie sabe cuál es el número de impresiones y ¡hasta tiene una traducción al guaraní! Es de lamentar cuanto le hizo penar Juan de la Cuesta, vuestro impresor, junto con Blas de Robles, el editor, usando mal papel, mala tinta y malos tipos, ganado fortunas con las numerosas ediciones y quedando vuesa merced en la pobreza. No le faltaron tampoco las versiones espúrias en particular la de Avellaneda.

Para mejor entendernos le envío un attach (¡sorry por el término extranjerizante!) donde voy

---

[3] http://cvc.cervantes.es/obref/quijote/edicion/

desglosando algunas de las observaciones y dudas que me surgieron en la última lectura. Desde ya le quedo agradecido por el tiempo que usted dedique a la respuesta pues supongo que, andará por allá, ocupadísimo en crear una nueva obra.
Saluda a su distinguida eminencia, con la mayor consideración y admiración,

Dino Otero
Bachiller, Licenciado y Doctor.

attachment

Querido Miguel, permítame llamarlo así pues es mucho lo que vamos a dialogar epistolarmente y creo que podemos entrar en confianza. Le comento que se han escrito muchas interpretaciones de su obra cumbre de la literatura española. Quizás una de la más famosa sea la de Miguel de Unamuno. En su libro "Vida de Don Quijote y Sancho" realiza una dura interpretación de las acciones de los personajes secundarios, exaltando quizás desmedidamente la figura del caballero de la Triste Figura. De acuerdo con la visión de Unamuno parecciera que mucho de los males de este mundo tuvieran su origen en la mediocridad del ser humano. En particular sus ataques van contra el bachiller Carrasco, el Cura, el Barbero, el Ama y la Sobrina. No estaba su homónimo muy desacertado en esa idea y me gustaría conocer su opinión al respeto.

Entiendo que resulta difícil escribir sobre El Quijote sin meterse a analizar la psicología de los personajes. Cuando analizo su obra no puedo evitar el análisis de la psicología del autor. Usted Miguel ha tenido una vida algo aventurera. Participó en la guerra, fue capturado por piratas y estuvo preso por un problema de cuentas no muy claras. Aunque no hay muchos datos sobre su vida íntima no cabe duda que fue un apasionado de la lectura, en particular de la lectura de libros de caballería. No descuidó los amoríos aunque no fue usted muy feliz en ellos.

Pero permítame observarle, querido Miguel, que curiosamente no hay datos de ningún caballero andante que se largara a la aventura como lo hace Don Quijote. Lo que se sabe es que reyes y nobles utilizaban los servicios de soldados ecuestres cubiertos de armadura y portando escudo, lanza y espada. Eventualmente el propio rey o el noble dirigía su tropa vestido de caballero andante. Los templarios, surgidos durante las cruzadas, son el grupo más famoso de caballeros. Ellos originalmente fueron creados para defender y socorrer a los peregrinos que iban a la Tierra Santa aunque posteriormente parece que tomaron otro rumbo. Aunque en cierto modo se parecían al ideal de Don Quijote ya los habían hecho desaparecer trescientos años antes. En realidad el adjetivo de "andante" se lo dio más bien la literatura fantástica que idealizó algunos de esos personajes ¿Cómo pudo ocurrírsele a Don Quijote largarse así, por las suyas?

Usted Miguel "crea" la figura de un caballero andante despojada de cualquier ligazón con autoridades constituidas de hecho o de derecho. En una y otra aventura Don Quijote ignora a las autoridades o en el mejor de los casos las tolera mientras no se metan con sus ideas. Creo Miguel que usted vuelca así, en el personaje, un espíritu anarquista que muy posiblemente fuera el suyo propio. Aunque dentro y fuera del libro se vitupera contra el oficio de la caballería creo que en el fondo usted la apoya, o al menos apoya algunos aspectos del oficio cuando le hace decir al Quijote: "...cuan necesarios fueron al mundo los caballeros andantes en los pasados siglos, y cuán útiles fueran en presente si se usaran; pero triunfan ahora, por pecados de las gentes, la pereza, la ociosidad, la gula y el regalo." Si esta es una velada queja por los vicios de la sociedad de su época, le diré que las cosas no han cambiado mucho en los últimos cuatrocientos años.

Pero lo que resulta más curioso son algunas referencias más propias de Galileo o de Occam que de un personaje salido de su pluma. No es que no lo considere un hombre instruido pero, la repetida referencia al concepto de átomo y la narración de una paradoja relacionada con temas de lógica matemática tienen un fuerte sabor científico que va más allá de una simple inquietud cultural. Veamos poco a poco como creo que su espíritu, querido Miguel, va aflorando en la historia de Don Quijote. No sucede lo mismo en sus novelas, ya sea publicadas independientemente o insertadas ad hoc dentro de la historia del Ingenioso Hidalgo. Todo indicaría que usted usa al pobre Quijote para dar rienda suelta a su propia personalidad.

Comienza la aventura del Quijote con una salida a hurtadillas: como lo haría un loco conocedor de su locura que teme la reprobación del Ama y la Sobrina, con quienes vivía. El majestuoso caballero andante que no teme a gigantes ni los demonios del averno no se anima a proclamar a los cuatro vientos su aventura ¿Teme el ridículo? ¿Teme los reproches? Por favor, querido Miguel, acláreme estas dudas. O tiene vuesa merced el temor de mostrarse tal cual es…

Luego, andando ya el camino el Quijote descubre que necesita amar a alguien y en sus palabras "como si verdaderamente fuera enamorado" pone a Dulcinea como la dama de sus desvelos. Duda usted Miguel que Quijote esté realmente enamorado de Dulcinea. Perdone la indiscreción pero ¿estuvo usted alguna vez realmente enamorado? Volveremos a charlar sobre este tema más adelante.

Creo que a los cincuenta años Don Quijote está jugando a ser un caballero andante que ensaya una falsa locura usándola como pretexto para seguir adelante con su juego.

Al llegar a la primera venta "confunde" a un par de putas con gentiles doncellas: "Nunca fuera caballero de damas tan bien servido como fuera Don Quijote cuando a esta aldea vino". En todo momento el Ingenioso Hidalgo enaltece a la mujer. Si la profesión es de rameras para él son sus damas, basta que lo ayuden en sus menesteres para que las ponga en un pedestal. Usa bien en eso la seudolocura pero, perdóneme vuesa merced una nueva impertinencia ¿fue usted "bien servido" sólo por las rameras?

Claro, llegado el momento, para Don Quijote, de abonar los servicios de la venta descubre que no puede ignorar el dinero. ¿Es en realidad ese un intento frustrado de usted Miguel para anular el intercambio monetario? Para mi es otra muestra de su oculto anarquismo. Sino leamos atentamente este párrafo donde Don Quijote nos dice: "Dichosa edad y siglos dichosos a quien los antiguos pusieron nombre de dorados, y no porque en ellos el oro, que en esta nuestra edad de hierro tanto se estima, se alcanzase en aquella venturosa sin fatiga alguna, sino porque entonces los que en ella vivían ignoraban estas dos palabras de tuyo y mío."

Pero no se escapaba la religión y en particular el clero de vuestro velado anarquismo. Poco presente está en toda vuestra obra y poco o nada invoca Don Quijote a Dios, Jesús o la Virgen, nunca va a misa, no se persigna, ni toma ningún sacramento religioso. En particular, cuando el ventero decide armarlo caballero, le hace al Ingenioso Hidalgo una parodia de rito religioso: "...al cual (al Don Quijote) mandó hincar de rodillas; y, leyendo en su manual, como que decía alguna oración..." El Ingenioso Hidalgo se muestra ajeno a esta parodia y lo único que le interesa es que continúen con su juego. Claramente la religión la está usted presentando como un decorado, que por supuesto está muy presente en su época. No lo culpo por ello pero ¿cómo salvó usted su obra de las garras de la inquisición? ¿Cómo no fue incluida en el Index librorum prohibitorum et expurgatorum?

Un poco, acorde con gentil trato dado a las rameras en la venta, Don Quijote no duda en reivindicar las aspiraciones sociales de Andrés, un peoncito explotado por su dueño. Poco dura la reivindicación, las promesas de pago del salario atrasado se convierten, en cuanto el Ingenioso Hidalgo les da la espalda, en un aumento del castigo corporal. Se anticipa usted, querido

Miguel, a la época de reivindicaciones anarquistas las cuales muchas veces terminaban, como en el caso del pastorcito explotado, en una represión aún más feroz.

Vuelve Quijote a su casa en busca de algún dinero y de un escudero. Una malhadada aventura lo deja golpeado y muy cansado y se tiende a gozar de un largo sueño. Su descanso es aprovechado por sus supuestos amigos, el señor Cura Pérez y el Barbero para quemarle casi todos sus libros. La quema de sus libros remeda la quema de libros por parte de la Inquisición, muy presente en España por esa época. La supuesta maldad que encerraban esos textos era inducir a Quijote en su supuesta locura. Dígame usted Miguel ¿no ha introducido vuesa merced esta quema como una subrepticia forma de denunciar esa barbaridad? Le comento, Miguel, que varios siglos después el nazismo procedería de la misma forma para eliminar los libros judeizantes, marxistas o simplemente liberales para evitar que el pueblo alemán cayera también en alguna "locura": "Eso digo yo también – dijo el cura – y a fe que no se para el día de mañana sin que dellos (los libros) no se haga acto público y sean condenados al fuego, ..." Entre los libros a quemar se encuentra "La Galatea", una novela suya escrita poco antes que El Quijote. El ego, Miguel, aparece frecuentemente en vuestra obra.

Finalmente la biblioteca fue tapiada para que Don Quijote ni siquiera pudiera hurgar entre los pocos ejemplares que se habían salvado. Por primera vez, en lo que será una constante a lo largo de la historia, lo supuestos cuerdos, en este caso el ama y la sobrina le siguen la locura para echarle la culpa de la desaparición del cuarto de libros a un sabio Muñatón (Frestón corrige Don Quijote) que con sus encantamientos habría hecho desaparecer todo. Nos muestra Miguel, así lo entiendo yo, que la sociedad busca el camino fácil de la mentira, por loca que ella sea. Pero no fue ajeno el cura a estos fraudes: "El cura algunas veces le contradecía y otras concedía,..." Es esa una típica posición de la Iglesia Católica, que usted pinta muy bien en este capítulo y a la cual, posteriormente, no le ha faltado desde un Papa fascista hasta curas tercermundistas. Sigue usted, querido Miguel, desnudando solapadamente la sociedad que le rodea.

Decidido a incorporar un escudero en su nueva salida, Don Quijote convence a un vecino suyo con la promesa de hacerlo gobernador de una ínsula. Sancho Panza, que así se llamaba el vecino, y que vendría a representar la parte proletaria de la utopía quijotesca. Y nuevamente Quijote y Sancho salen disimuladamente por la noche "sin que persona los viese", conocedores de que la sociedad no apañaría sus aventuras. Loco pero no tonto nuestro amigo Quijote ¿no es así Miguel?

Y llegamos a la famosa aventura de los molinos de viento. Cargada de implicancias es un remanido ejemplo utilizado para desvalorizar cualquier intención de vencer a las injusticias humanas. No estoy muy seguro que usted le haya querido asignar tan profunda significación como la que se le otorga en la actualidad. Pero hay que felicitarlo pues la narración es como si se hubiera insertado un video en el libro.

Veamos ahora la aventura de Puerto Lápice. Es realmente sorprendente que Don Quijote ignorara los hábitos de los monjes de la orden de San Benito y arremetiera contra ellos como si fueran demonios. Metiendo al Quijote en estas acciones está usted mostrando un fuerte anticlericalismo ¡pues parece más la acción de un anarquista de la República española que de un caballero andante del siglo XVII! Para colmo mete aquí en danza el tema de un supuesto manuscrito árabe de donde habría usted sacado la continuación de la historia. Claramente usted sabía muy bien que entre 1609 en Valencia y 1614 en Murcia los moriscos son expulsados de España, pero la cultura árabe está permanentemente presente en su obra. Por entonces, en 1610, Gregorio López Madera a quien usted seguramente debía de conocer muy bien por la pureza de la lengua castellana con que escribía, ejecutó la expulsión de todos los moriscos de los reinos de "Castilla, Andalucía y de la Villa de Hornachos", en particular hizo desaparecer el fuerte comunidad morisca de Hornachos acusándolos de la muerte de más de ochenta cristianos. ¿y se animó usted, Miguel, a usar un manuscrito morisco para continuar la historia del Quijote? ¡Pues que era usted un hidalgo más que osado por esas épocas! Sancho, con mucha prudencia le previene al Ingenioso Hidalgo que los desaguisados que está haciendo van a meterlo en problemas con la Santa Hermandad, pero usted le hace decir a Don Quijote: "Y ¿dónde has visto tú, o leído jamás, que caballero andante haya sido puesto ante la justicia, por más homicidios que hubiese cometido? ... que yo te sacaré de las manos de los caldeos, cuanto más de las de la Hermandad". Amigo Miguel, muestra usted, en palabras de Quijote muy poco respeto por las fuerzas de la ley. Tampoco lo critico por esto ¡que debería saber los problemas que aún tenemos con las fuerzas policiales en la actualidad!

Y continúa Don Quijote, en sus pláticas con Sancho, poniendo de manifiesto el rechazo hacia la curia tanto como su prudencia se lo permite. Mi querido Miguel, recuerde que ha puesto en boca del Ingenioso Hidalgo esta respuesta: "Quiero decir que los religiosos, con toda paz y sosiego, piden al cielo el bien de la tierra; pero los soldados y caballeros ponemos en ejecución lo que ellos piden, defendiéndola con el valor de nuestros brazos y filos de nuestras espadas; no debajo de cubierta, sino al cielo abierto". Recuerde don Miguel que en estas pláticas Sancho le recrimina a Don Quijote que se encomiende a Dulcinea y no a Dios... Bueno, como ya le dije, no hay en el libro ninguna referencia a Jesús, a la Virgen o a Santiago[4] ...

Continuando con la historia, vuelven a aparecer putas cuando pasan por otra venta. Esta vez se trata de Maritornes a quien has realmente desfigurado de tal forma que uno se imagina que el arriero, con hubiera debido tener amoríos, como un verdadero desesperado sexual. Quizás el propio Quijote esté muy necesitado de una aventura amorosa pues ignora los malos olores de Maritornes e invoca a su Dulcinea para zafar de una supuesta avanzada de una supuesta doncella (en su primera acepción). ¡Hay Miguel, Miguel! parece que no has sido muy afortunado con las prostitutas, pero debo reconocer, como te comenté antes, que de todas formas terminas enalteciéndolas... tus narraciones asemejan un cuadro de Toulouse Lautrec.

Al irse Don Quijote de la venta vuelve a aparecer el tema de la paga: "-Engañado he vivido hasta aquí -respondió don Quijote-, que en verdad que pensé que era castillo, y no malo; pero, pues es ansí que no es castillo sino venta, lo que se podrá hacer por agora es que perdonéis por la paga, que yo no puedo contravenir a la orden de los caballeros andantes, de los cuales sé cierto,

---

[4] Me corrijo hacia el final de la segunda parte Don Quijote le aclara a Sancho el origen de ese grito de guerra que daban los españoles al entrar en combate. Sin embargo nunca es utilizado por Don Quijote en sus luchas el grito del patrono de España.

sin que hasta ahora haya leído cosa en contrario, que jamás pagaron posada ni otra cosa en venta donde estuviesen, porque se les debe de fuero y de derecho cualquier buen acogimiento que se les hiciere, en pago del insufrible trabajo que padecen buscando las aventuras de noche y de día, en invierno y en verano, a pie y a caballo, con sed y con hambre, con calor y con frío, sujetos a todas las inclemencias del cielo y a todos los incómodos de la tierra." Vuelve a aflorar aquí tu anarquismo Miguel, es obvio que no puedes tolerar que sea necesaria una paga: ¡Cada cual a sus servicios y todos estamos pagados!

Dicen, Miguel, que lo que uno aprecia mucho recibe también muchos nombres, casi sinónimos entre sí. No podían faltarle nombres a Don Quijote: Quijano, Quijada, el Ingenioso Hidalgo y viene aquí el bautismo de Sancho Panza como el caballero de la Triste Figura. Responde Quijote al bautismo: "Y así, digo que el sabio ya dicho te habrá puesto en la lengua y en el pensamiento ahora que me llamases el Caballero de la Triste Figura, como pienso llamarme desde hoy en adelante; y, para que mejor me cuadre tal nombre, determino de hacer pintar, cuando haya lugar, en mi escudo una muy triste figura." Y le cuento, Miguel, que ha adivinado el futuro, uno de los más grandes pintores del siglo XX, Picaso, inmortalizó al Quijote justamente con el aspecto de la triste figura. En la aventura en que Don Quijote adopta el sobrenombre mencionado se produce un nuevo encontronazo con la iglesia. Venían por el camino once sacerdotes acompañando el cuerpo de un caballero muerto, rumbo a la sepultura. Estos sacerdotes cubiertos de sobrepellices y portando hachas encendidas fueron razón suficiente para que el Caballero de la Triste Figura arremetiera contra ellos derrumbando a uno y haciendo huir al resto. Alonso López, que así se llamaba el caído, le reclama a Don

Quijote por su bárbaro ataque: "… advierta vuestra merced que queda descomulgado por haber puesto las manos violentamente en cosa sagrada: juxta illud: Si quis suadente diabolo, etc.", a lo que le responde Quijote: "No entiendo latín, mas yo se bien que no puse las manos, sino este lanzón; cuanto más, que yo no pensé que ofendía a sacerdotes ni a cosas de la Iglesia, a quien respeto y adoro como católico y fiel cristiano que soy, sino a fantasmas y vestigios del otro mundo; y cuando eso así fuese, en la memoria tengo lo que le pasó al Cid Ruy Díaz, cuando quebró la silla del embajador de aquel rey delante de Su Santidad del Papa, por lo cual lo descomulgó, y anduvo aquel día el buen Rodrigo de Vivar como muy honrado y valiente caballero." Insisto Miguel, no tienes en tu relato un trato afable con los representantes de la Iglesia, pareciera que vuesa merced se burla de la excomunión y, dicho sea de paso, le recuerdo una vez más que el Caballero de la Triste Figura no entra a ninguna iglesia ni reza en todo el relato. Sería un fiel cristiano pero no estamos tan seguros que fuera un buen católico…

Y llegando a la aventura de los galeotes te la agarras otra vez con la Santa Hermandad. Supongo que como le trataron cuando fue a prisión le generó una especial animadversión hacia ella. Los diálogos que ha puesto vuesa merced en boca del pobre Quijote no tienen desperdicio, los prisioneros fabulan respecto de sus delitos y la respuesta del Ingenioso Hidalgo es: "De todo cuanto me habéis dicho, hermanos carísimos, he sacado en limpio que, aunque os han castigado por vuestras culpas, las penas que vais a padecer no os dan mucho gusto, y que vais a ellas muy de mala gana y muy contra vuestra voluntad; y que podría ser que el poco ánimo que aquél tuvo en el tormento, la falta de dineros de éste, el poco favor del otro y, finalmente, el torcido juicio del juez, hubiese sido causa de vuestra perdición y de no haber salido con la justicia que de vuestra parte teníades." Y continúa: "Cuando más señores guardias, que estos pobres no han cometido nada contra vosotros. Allá se lo haya cada uno con su pecado; Dios hay en el cielo, que no se descuida de castigar al malo ni de premiar al bueno, y no es bien que los hombres honrados sean verdugos de los otros hombres, no yéndoles nada en ello." Por supuesto que los guardias lo mandan al diablo con su propuesta con lo cual Don Quijote arremete volteando al principal. Se genera un gran desorden que aprovechan los presos para liberarse. Aunque posteriormente la Santa Hermandad vuelve para apresar al Quijote, la supuesta locura lo salva de ir a prisión ¿No cree Miguel que este tema requería un tratamiento más profundo? Aún hoy en día en las revoluciones se mezclan los idealistas con los delincuentes y estos últimos son muchas veces liberados de las cárceles junto con los primeros. Además ciertos jueces aplican el razonamiento de Don Quijote a la hora de sancionar los delitos y así tenemos violadores, ladrones y asesinos paseándose por nuestras calles. La relación entre un funcionamiento razonable de la sociedad humana y la contención de los delincuentes es un problema aún no resuelto así que, aunque no concuerdo con el tratamiento que le has dado, te elogio por haber planteado la inquietud.

¡Cómo has amado Miguel! En las palabras del Quijote percibimos que Dulcinea del Toboso encarna tu secreto amor. Ella es una mujer inasible que sólo en el Capítulo XXV, Sancho se da el lujo de describir, tal como has amado a tu Aldonza Lorenzo, que dista mucho de ser una frágil e inocente muchachita sino una tangible mujer de aquellas … "Bien la conozco y sé decir que tira tan bien una barra como el más forzudo zagal de todo el pueblo ¡Vive el Dador[5], que es moza de chapa, hecha y derecha y de pelo en pecho, y que puede sacar la barba del lodo[6] a cualquier caballero andante, o por andar, que la tuviere por señora!¡Oh hideputa, qué rejo que tiene, y que voz! Sé decir que se puso un día encima del campanario del aldea a llamar unos zagales suyos que andaban en un barbecho de su padre, y, aunque estaban de allí más de media legua, así la oyeron como si estuvieran al pie de la torre. Y lo mejor que tiene es que no es nada melindrosa, porque tiene mucho de cortesana[7]: con todos se burla y de todo hace mueca y donaire. Ahora digo, señor Caballero de la Triste Figura, que no solamente puede y debe vuestra merced hacer locuras por ella, sino que, con justo título, puede desesperarse y ahorcarse;…" ¿Intenta Don Quijote, en estas circunstancias, defender, como es su costumbre, la hermosura de Dulcinea? No ¡qué va! Es usted Miguel el que le responde a Sancho: "…, Sancho, por lo que yo quiero a Dulcinea del Toboso, tanto vale como la más alta princesa de la tierra…. Y así bástame a

---

[5] Miguel, creo que es más una costumbre árabe que católica llamar a Dios como el Dador (de la vida). Nuevamente te prevengo de cómo puede interpretar la Inquisición esta referencia. Posiblemente Antonio Medina Molera tenga razón en relacionarte con la cultura islámica en su libro "Cervantes y el Islam. El Quijote a cielo abierto" (2005-Ed.Carena, Barcelona).

[6] Puede sentirse satisfecho, querido Miguel, en 1726 la Real Academia Española editó el *Diccionario de la Lengua Castellana en que se explica el verdadero sentido de las voces, su naturaleza y calidad, con las phrases o modos de hablar, los proverbios o refranes, y otras cosas convenientes al uso de la lengua*" donde, en el tomo primero letras A.B., analizando los diversos significados de la palabra "barba" le cita: *"Sacar la barba o pie del lodo. Es desempeñar a alguno, y sacarle de algún peligro, o trabajo de cualquier suerte que sea. Cerv. Quix. tom.I. cap.25. Vive el dador que es moza de chapa hecha y derecha, y de pelo en pecho, y que puede sacar la barba del lodo a cualquier Caballero andante o por andar."*

[7] Supongo Miguel que estas usando la séptima acepción de la Real Academia: Mujer de costumbres libres.

mi pensar y creer que la buena de Aldonza Lorenzo (sic) es hermosa y honesta[8]; y en lo del linaje importa poco, que no ha de ir a hacer la información dél para darle algún hábito, y yo me hago cuenta que es la más alta princesa del mundo….Y para concluir con todo, yo imagino que todo lo que digo es así, sin que sobre ni falte nada; y píntola en mi imaginación como la deseo, así en la belleza como en la principalidad, …" ¡Pues que en realidad tú, Miguel, la quieres fortachona y dicharachera!

Aparecen por aquí nuevamente cura y barbero para "sacar de su locura" a Don Quijote. Para ello se les ocurre que el cura se disfrace de mujer, vamos a evitar el episodio de travestismo por el cual vuesa merced me hace pasar al señor cura. Como ya le dije si sigue con sus líos con la iglesia va a terminar en la Inquisición. Más interesantes resulta la discusión de Don Quijote con su escudero. No creo que le hagas contradecir al Quijote sino que vuesa merced pone de manifiesto la diferencia entre una charla estrictamente personal sobre Aldonza Lorenzo como ha sido la anterior y otra cosa es que públicamente se roce la figura de vuestra amada: "Pareciole tan mal a Sancho lo que últimamente su amo dijo acerca de no querer casarse, que con grande enojo, alzando la voz, dijo: -Voto a mí, y juro a mí, que no tiene vuestra merced, señor don Quijote, cabal juicio. Pues ¿Cómo es posible que pone vuestra merced en duda el casarse con tan alta princesa como aquésta? ¿Piensa que le ha de ofrecer fortuna, tras cada cantillo[9], semejante ventura como la que ahora se le ofrece? ¿Es por dicha, más hermosa mi señora Dulcinea? No, por cierto, ni aún con la mitad, y aún estoy

---

[8] Miguel, parece no importarle a vuesa merced si en la realidad doña Aldonza no es tan honesta como sería de esperar …

[9] Pregunta: Miguel ¿Se refiere Sancho a cada intento de suerte en relación al juego de cantillos?

por decir que no llega a su zapato de la que está delante.
…"

"Don Quijote, que tales blasfemia oyó decir contra su señora Dulcinea, no lo pudo sufrir, y, alzando el lanzón, sin hablarle palabra a Sancho y sin decirle esta boca es mía, le dio tales dos palos que dio con él en tierra: …" y continúa: "…Pues no penséis, bellaco descomulgado, que sin duda lo estás, pues has puesto lengua en la sin par Dulcinea…."

Recordemos Miguel lo dicho por el propio Quijote poco antes a solas con Sancho: "…bástame a mi pensar y creer que la buena de Aldonza Lorenzo es hermosa y honesta…" ó "porque tiene mucho de cortesana", o aún "que es moza de chapa, hecha y derecha y de pelo en pecho" dicho por Sancho sin reclamo de su amo. Objetivamente no se condice la reacción de los palazos con la indulgencia frente al término de ¡"cortesana" ó "moza de pelo en pecho"!

Vamos ahora a las armas de la guerra. Se queja usted Miguel de la artillería con gran nostalgia por las peleas a espada limpia ¡Si hubiera conocido las barbaridades de la guerra moderna…!
"Bien hayan aquellos benditos siglos que carecieron de la espantable furia de aquestos endemoniados instrumentos de la artillería, a cuyo inventor tengo para mí que en el infierno se le está dando el premio de su diabólica invención[10], con, la cual dio causa que un infame y cobarde brazo quite la vida a un valeroso caballero, y que, sin saber como por dónde, en la mitad del coraje y brío que enciende y anima a los valientes pechos, llega una

---

[10] Pues que sí, que efectivamente se ha instituido un premio del cual le comenté antes, el Nobel, nombre del inventor de la dinamita, un explosivo mucho más poderoso que la pólvora que vuesa merced parece conocer muy bien.

desmandada bala, disparada de quien quizás huyó y se espantó del resplandor que hizo el fuego al disparar la maldita máquina, y corta y acaba en un instante los pensamientos y vida de quien la merecía gozar luengos siglos. Y así, considerando esto, estoy por decir que en el alma me pesa de haber tomado este ejercicio de caballero."

Buen alegato en contra de la guerra, Miguel, quizás cargado por la pesadumbre de la pérdida de tu brazo... ¡Qué no hubieras dicho si conocieras los bombardeos modernos a poblaciones civiles! ¡Y ni le cuento lo de la bomba atómica! Justamente asociada al concepto que le atrapó en la segunda parte del Quijote.

Y otra vez vuesa merced mete al Quijote en líos con mujeres. Tan enamorada que está él de su Dulcinea y tu no cesas de tentarlo. Esta vez se trata de la deforme y puta de Maritornes. Don Quijote trata de tomar la mano de Maritornes que, desde una ventanuca lo estaba provocando. Para ello se para sobre la silla de Rocinante y le propone que admire "...la contestura de sus nervios, la trabazón de sus músculos, la anchura y espaciosidad de sus venas para así evaluar la fuerza del brazo que tal mano tiene" (erótico ¿no?). Pero más interesante aún es la advertencia que esa mano "...no ha tocado otra de mujer alguna" ¿Qué nos quieres hacer creer, Miguel? ¿Quijote virgen a los cincuenta pirulos? ¡Por favor! ¡Ahí tendríamos una buena razón para su locura! Pero ¿por dónde ha andado la mano de nuestro Ingenioso Hidalgo si no ha hurgado en los secretos del sexo opuesto? Pero usted Miguel le hace recibir un merecido castigo. La mano que debió acariciar la piel de Dulcinea, en todos sus deseos, termina atada por Maritornes quien, usando una lazada corrediza, lo sujeta del otro lado de la ventanuca, al cerrojo de una puerta ¡Debo felicitarlo por la descripción que hace aquí de esta escaramuza de nuestro Caballero andante!

"… de pies sobre Rocinante, metido todo el brazo por el agujero y atado de la muñeca, y al cerrojo de la puerta, con grandísimo temor y cuidado, que si Rocinante se desviaba a un cabo o a otro, había de quedar colgado del brazo; y así, no osaba hacer movimiento alguno, puesto que de la paciencia y quietud de Rocinante bien se podía esperar que estaría sin moverse un siglo entero.… Allí le tomó la mañana tan desesperado y confuso que bramaba como un toro…"

Dejaré allí, Miguel, a nuestro Caballero andante que, de alguna forma lo liberarás. Lo que sigue, más allá de esta desventura es la más triste aventura que pudo haber tenido el Caballero de la Triste Figura. Se ponen de acuerdo cura, barbero, ventero y cuadrilleros de la Santa Hermandad para, embozadamente y a hurtadillas, maniatar a nuestro héroe. Las fuerzas del orden y del "sentido común" han de enjaular todos los locos y ambiciosos ideales de… Don Quijote. Pero todos ellos son conscientes que necesitan las locuras de idealistas, por eso prudentemente colgaron "… del arzón de la silla de Rocinante, de un cabo la adarga y del otro la bacía,…" pues ¿Cómo podría continuar Don Quijote con sus quijotadas sin sus armas?

Puesto ya dentro de la jaula y viendo Don Quijote que la ventera, su hija y Maritornes lloraban de dolor por su desgracia[11] les arenga de esta forma:
"- No lloréis, mis buenas señoras, que todas estas desdichas son anexas a los que profesan lo que yo profeso; y si estas calamidades no me acontecieran, no me

---

[11] Que maldad tiene aquí Miguel ¿Por qué dice que ellas fingen tal dolor? En particular Maritornes busca el jolgorio no la penosa imagen del Quijote enjaulado y muy probablemente su dolor fuera sincero.

tuviera yo por famoso caballero andante; porque a los caballeros de poco nombre y fama nunca les suceden semejantes casos, porque no hay en el mundo quien se acuerde dellos. A los valerosos sí, que tienen envidiosos de su virtud y valentía a muchos príncipes y muchos otros caballeros, que procuran por las malas vías destruir a los buenos." Continuo analizando, Miguel, esta penosa aventura pues creo que aquí nos está, vuesa merced, indicando muy claramente como terminan los locos ideales humanos: "iba primero el carro, guiándole su dueño; a los dos lados iban los cuadrilleros, como se ha dicho, con sus escopetas; seguía luego Sancho Panza sobre su asno, llevando de rienda a Rocinante. Detrás de todo esto iban el cura y el barbero sobre sus poderosas mulas, cubiertos los rostros, como se ha dicho, con grave y reposado continente, no caminando más de lo que permitía el paso tardo de los bueyes. Don Quijote ida sentado en la jaula, las manos atadas, tendidos los pies, y arrimado a las verjas, con tanto silencio y tanta paciencia como si no fuera hombre de carne, sino estatua de piedra." Luego se encuentra la comitiva con un grupo de canónicos, los cuales sorprendidos preguntaron por qué llevaban un hombre en esas extrañas condiciones. Los cuadrilleros les indican que le pregunten justamente a Don Quijote el cual les dijo: "...Pues así es, quiero, señor caballero, que sepades que yo voy encantado en esta jaula, por envidia y fraude de los malos encantadores; que la virtud más es perseguida de los malos que amada de los buenos" Y aquí viene algo muy bueno que ha puesto vuesa merced en boca de Sancho, muy atinadamente de su parte. Mirando al cura oculto bajo el antifaz le dice: ¡Ah señor cura, señor cura! ¿Pensaba vuestra merced que no le conozco, y pensará que yo no calo y adivino adónde se encaminan estos nuevos encantamientos?" Luego también lo increpa el babero, "¿También vos, Sancho, sois de la cofradía de vuestro amo? ¡Vive el Señor, que voy viendo que le habéis de tener compañía en la jaula, y que habéis de quedar tan encantado como él, por lo que os toca de su humor y de su caballería! En mal punto os empreñaste de sus promesas, y en mal hora se os entró en los cascos la ínsula que tanto deseáis.

-Yo no estoy preñado de nadie – respondió Sancho - , ni soy hombre que me dejaría empreñar, del rey que fuese; y, aunque pobre, soy cristiano viejo, y no debo nada a nadie; y si ínsulas deseo, otros desean otras cosas peores; y cada uno es hijo de sus obras; y, debajo de ser hombre, puedo venir a ser papa, cuanto más gobernador de una ínsula, ...” No me cabe duda, Miguel, que vierte usted aquí sus ideas igualitarias proclamando la igualdad entre los hombres. Eleva vuesa merced la figura del escudero como lo hará más adelante, cuando asuma el gobierno de la ínsula.

Pero si estos diálogos son aleccionadores vuesa merced me decepciona en el capítulo XLVIII cuando le hace proferir al cura una apología de la censura. He leído varias veces este párrafo y no logro decidir si es irónico, descarga las culpas de la censura en la Iglesia o se siente usted identificado con esas ideas. Realmente espero que no sea esto último...

“... Y todos estos inconvenientes cesarían, y aún otros muchos más que no digo, con que hubiese en la Corte una persona inteligente y discreta que examinase todas las comedias antes que se representasen (no sólo aquellas que se hiciesen en la Corte, sino todas las que se quisiesen representar en España), sin la cual aprobación, sello y firma, ninguna justicia en su lugar dejase representar comedia alguna; ...” Cuando vuesa merced escribía esto seguramente tenía en mente que su propio

libro pasaría por la aprobación de las autoridades. En la edición de la segunda parte del quijote podemos leer:
"APROBACIÓN

Por comisión y mandato de los señores del Consejo, he hecho ver el libro contenido en este memorial: no contiene cosa contra la fe ni buenas costumbres, antes es libro de mucho entretenimiento lícito, mezclado de mucha filosofía moral; puédesele dar licencia para imprimirle. En Madrid, a cinco de noviembre de mil seiscientos y quince.
Doctor Gutierre de Cetina. APROBACIÓN"[12]

Será que, pensando en la censura que tendría la segunda parte de Don Quijote es que vuesa merced ha puesto en la boca de Sancho Panza este disparate: "… creer, como siempre creo, firme y verdaderamente en Dios y en todo aquello que tiene y cree la Santa Iglesia Católica Romana, y ser enemigo mortal, como lo soy, de los judíos, debían los historiadores tener misericordia de mí y tratarme bien en sus escritos." Menos mal que vuesa merced se lo hace decir a Sancho y no al Quijote con lo cual pareciera que quiere tomar algo de distancia de una postura tan racista. Pero el tema de la religión, muy presente en la España de tu época, vuelve una y otra vez. En algunos casos es posible leer entrelíneas lo que realmente piensa vuesa merced. Veamos los consejos que le da Sancho a Don Quijote para una pronta fama: "… luego la fama del que resucita muertos, da vista a los ciegos, endereza los cojos y da salud a los enfermos, y delante de sus sepulturas arden lámparas, y están llenas

---

[12] Supongo Miguel que usted lo tiene claro pero conviene que nos pongamos de acuerdo en que este Doctor Gutierre de Cetina es sobrino nieto de Beltrán de Cetina (1521-1600?), conquistador de Mérida (la actual Yucatán en México). Pero Beltrán tuvo un hijo que también se llamó Gutierre de Cetina (1520-1557?), famoso poeta español que habría resultado tío del censor del Quijote.

sus capillas de gentes devotas que de rodillas adoran sus reliquias, mejor forma será, para este y para el otro siglo, que la que dejaron y dejaren cuantos emperadores gentiles y caballeros andantes ha habido en el mundo.

...¿Qué quieres que infiera Sancho, de todo lo que has dicho? – dijo don Quijote – quiero decir – dijo Sancho – que nos demos a ser santos, y alcanzaremos más brevemente la buena fama que pretendemos,..." Tengo el sentimiento que este intercambio de ideas tiene como raíz un sarcasmo de su parte Miguel ¿puede, ahora que ya la Inquisición nada puede sobre su cuerpo, confirmar o negarme esta idea? Le comento que este tema de la religión en la historia del Quijote, ha preocupado a otros. Por ejemplo Salvador Muñoz Iglesias publicó "Lo religioso en el Quijote" nada menos que con el auspicio del seminario conciliar Estudio Teológico de San Idelfonso. El libro viene a su vez con, nada menos que, el nihil obstat, es decir un censor y con el Imprimatur otorgado por el Vicario General de Toledo. El autor trata de demostrar la religiosidad de vuestro libro con lo cual, como vuesa merced habrá descubierto, yo discrepo. En particular, este libro, en el capítulo XII trata de la moral de Don Quijote y cita más de media docena de libros relacionados con la moral y religiosidad de los personajes de vuestro libro. Pero no me convence todo ese palabrerío de que usted sea muy religioso.

Cambiando de tema, debo reconocer que le enaltece como ha sabido reconocer tus errores, en particular dando comienzo a la segunda parte se refiere al confuso episodio del robo del asno a Sancho Panza y la contradictoria versión por la cual luego cabalga sobre el mismo jumento sin que se sepa cómo ni cuándo reaparece. Les da, vuesa merced, vueltas al asunto tratando de reparar el error de la primera parte y termina echándole la culpa al árabe Cide Hamete Benengeli, como para no asumirla totalmente.

Y llegamos al asunto de los átomos. Ha de saber, mi querido Miguel, que ese es un tema particularmente sensible para mí[13]. Le puedo asegurar que me sentí muy sorprendido de que incluyera tan apropiadamente un término que, para vuestra época sólo unos pocos científicos manejaban y medio a escondidas. Seguramente vuesa merced estaba enterado que Aristóteles se oponía a la teoría atómica propuesta por Demócrito y Leucipo del siglo VI a.C. El propio Galileo hacia 1615, el año en que usted Miguel publica la segunda parte del Quijote, no usa tan libremente la palabra átomo sin que la sustituye por minimi del fuoco, minimi ignei, minimi sottilissimi en relación a la trasmisión del calor entre los cuerpos reservando el concepto de átomo para las "partículas" que componen la luz. Es que oponerse al concepto aristotélico de los elementos básicos, aire, tierra, agua y fuego podía ser peligroso. Poco antes, en 1611, el cardenal Belarmino, que ya había hecho quemar a Giordano Bruno, ordena que la Inquisición realice una investigación discreta sobre Galileo. Querido Miguel, no me deje con la intriga ¿vuesa merced ha sacado la palabreja átomo, que tan atinadamente utiliza, de los versos de Lucrecio Caro vertidos en "La Naturaleza de la Cosas" donde divulga el

---

[13] Por si le interesa Miguel, le comento que mi doctorado es en ciencias físicas (nada que ver con los médicos, más bien piense en Galileo) y he trabajado cuarenta y dos años en la Comisión Nacional de Energía Atómica. Para su referencia el navegante Solís anduvo por Argentina, en particular por lo que él llamó el Mar Dulce, conocido hoy por el Río de la Plata, unos cien años antes que usted escribiera el Quijote. Para que se ubique, usted aún no había nacido y Pedro de Mendoza ya había fundado por primera vez la ciudad capital de la Argentina y tendría vuesa merced unos treinta y tres años cuando Juan de Garay la funda por segunda vez.

concepto de átomo de Demócrito? En su poema Lucrecio menciona más de cincuenta veces la palabra átomo, generalmente con un ajustado criterio al concepto moderno del término. Hacia 1600 existían unas treinta ediciones del poema y la gente culta de la época podía estar en conocimiento con el concepto del átomo, por lo cual no extrañaría que vuesa merced lo utilice con tanta soltura. El canónigo francés Pierre Gassendi (1592-1655) difunde manuscritos y cartas criticando a Aristóteles, tratando de imponer la doctrina de Epicuro. Parece que habría influido en Robert Boyle e Isaac Newton (aunque unos cuantos años después de la publicación de la segunda parte del Quijote) y… parece que también habría influido en vuesa merced, querido Miguel, pero bastante antes[14] ¿Pones este concepto en juego escudándote en la licencia poética como escritor?

Le voy a enumerar las siete ocasiones en las cuales se refiere al concepto de átomo en la segunda parte del Quijote:

Cap. I: Refiriéndose a los gigantes y como prueba de su existencia Quijote dice "…pero la Santa Escritura, que no puede faltar un átomo en la verdad, nos muestra que los hubo, contándonos la historia de aquel filisteazo de Golías, que tenía siete codos y medio de altura, que es una

---

[14] En realidad Pierre Gassendi se doctora en 1612 y publica sus trabajos en 1647: "De vita, moribus, et doctrina Epicuri libri octo ¿Miguel, ha conversado usted con Pierre en su doctorado? También el "Il Saggiatore" y el "Diálogo" de Galileo, donde se analiza la idea del átomo son posteriores a la segunda parte de vuestro libro, aunque para ser exactos la primera referencia formal al término átomo la realiza en el "Discorso intorno alle cose che stanno in su l'acqua o che in quella si muovono" en el año 1611, es decir cuatro años antes de la tercera salida de Don Quijote. Por favor no deje vuesa merced de aclararme este tema …

desmesurda grandeza." Aquí le hace referirse al átomo como lo más pequeño que uno pueda imaginarse.

Cap. III: El Bachiller Carrasco, al comentar la labor de los censores: "..., pero quisiera yo que los tales censuradores fueran más misericordiosos y menos escrupulosos, sin atenerse a los átomos del sol clarísimo de la obra de que murmuran;..." No me queda claro si se refiera a la enorme cantidad de átomos en el Sol o que la luz del Sol se genera en una variación en la energía de excitación de los átomos. Esta última posibilidad realmente me sorprendería...

Cap. X: Dice vuesa merced que el "verdadero autor" del Quijote (¿Cide Hamete Benengueli?) nos narra los acontecimientos "...sin añadir ni quitar a la historia un átomo de verdad...". Nuevamente hace usted referencia al pequeño tamaño de los átomos.

Cap. XXVI: Maese Pedro hablando de las impropiedades de las comedias que ser representan por ahí: "...Prosigue, muchacho, y deja decir; que, como yo llene mi talego, si quiere represente más impropiedades que tiene átomos el sol." Aquí el concepto hace referencia a la gran cantidad de átomos que forman parte de la materia. ¡Si vuesa merced hubiera sabido entonces que tan sólo doce gramos de carbón tienen seiscientas mil veces un millón de millones de átomos...!

Cap. XL: Cuando comenta usted que Cide Hamete Benengueli nos ha trasmitido todos los detalles de la historia del Quijote: "... pinta los pensamientos, descubre las imaginaciones, responde a las tácitas, aclara las dudas, resuelve los argumentos; finalmente, los átomos del más curioso deseo manifiesta. ¡Oh autor celebérrimo! ¡Oh don Quijote dichoso! ¡Oh Dulcinea famosa! ¡Oh Sancho Panza gracioso! Todos juntos y cada uno de por sí viváis siglos infinitos, par gusto y general pasatiempo de los vivientes."[15] Tampoco aquí queda claro como usa vuesa merced el concepto de átomo pero parece referirse a lo pequeño y lo numeroso.

Cap. L: Nuevamente refiriéndote al detallismo con que cuenta las cosas el árabe: "Dice Cide Hamete, puntualísimo escrudriñador de los átomos desta verdadera historia,…" Claramente se refiere usted a lo pequeño de un átomo.

Cap. LXXIII: Cuando Quijote les comenta al bachiller y al cura la promesa de no volver a salir por un año: "… la obligación en que había quedado de no salir de su aldea en un año, las cual pensaba guardar al pie de la letra, sin traspasarla en un átomo,…" Otra vez usted hace referencia a lo más pequeño que uno pueda imaginarse.

Me permitiré explicarlo algo acerca de los átomos ya que tanto le gustan. Lo primero que debe saber es que son idénticos entre sí; que no es posible, ni para vuesa merced, ni para mí ¡ni para la naturaleza! diferenciar un átomo de cobre de otro átomo de cobre, ni un átomo de carbón de otro átomo de carbón. Que no los hay ni más viejos ni más jóvenes, que no tienen color ni puede hacerles una marca. Entonces los átomos que constituían vuestro cuerpo siguen por ahí tan "frescos"[16] y quizás, si lograron liberarse del ataúd donde seguramente los encerraron[17], estén, ahora mismo, algunos de ellos en mi

---

[15] Pues ¡que se le dio Miguel! no creo que infinitos pero hasta ahora ¡van cuatro siglos!

[16] ¡No me tome en serio, vuesa merced, esto de "frescos" pues lo átomos simplemente siguen tal cual estaban en su cuerpo! Fue una simple libertad poética …

[17] En realidad doy por cierto que se han liberado pues ¡nadie sabe dónde realmente han ido a parar tus venerables átomos! Tan sólo trece años después de vuestro entierro en el convento San Idelfonso de las Trinitarias Descalzas es posible que esos átomos se hayan mezclado con cascote, polvo y otros restos de demolición …

cuerpo, otros formando parte de un asno o de un picaflor (por favor, no se ofenda). Es decir que todo lo que somos es un poco de orden, a veces un hermoso y glorioso orden de átomos bien dispuestos que, lamentablemente con los años se van desordenando… y como dice nuestro común amigo Don Quijote "…; pero en llegando al fin, que es cuando se acaba la vida, a todos les quita la muerte las ropas que los diferenciaban, y quedan iguales en la sepultura." Todos terminamos siendo una manojo de átomos desordenados … O como nos dice en su glosa, Lorenzo el hijo poeta de Diego Miranda: "Cosas imposibles pido, poner el tiempo a ser después que una vez ha sido, no hay en la tierra que a tanto se haya extendido. Corre el tiempo, vuela y va ligero, y no volverá, y erraría el que pidiese, o que el tiempo ya se fuese, o volviese el tiempo ya.

"Vivo en perpleja vida, ya esperando, ya temiendo: es muerte muy conocida, y es mucho mejor muriendo buscar al dolor salida.

"A mi me fuera interés acabar, mas no lo es, pues, con discurso mejor, me da la vida el temor de lo que será después."

Ya avanzando en la segunda parte de vuestro Quijote observo que le ha ido tomando cariño a vuestro personaje. Primero le hace vencer en una justa caballeresca al caballero de los Espejos, tan caballero y tan bachiller como lo soy yo. Luego le hace enfrentar a un grupo de leones: "¿Leoncitos a mí? ¿A mí leoncitos, y a tales horas?" ¡Clama Quijote sin un átomo de temor! Abierta la jaula donde transportaban a los leones, decide Quijote enfrentarlos de a pie, espada en mano. Según dice vuesa merced, Miguel, el árabe narrador de la historia, impresionado por el valor del Ingenioso Hidalgo proclama: ""Tus mismos hechos sean los que te alaben, valeroso manchego, que yo dejo aquí en su punto por faltarme palabras con que encarecerlos"""". ¡Qué bien narra esta escena, Miguel!

"… abrió (el leonero) de par en par la primera jaula, donde estaba, como se ha dicho, el león, el cual pareció de grandeza extraordinaria y de espantable y fea catadura. Lo primero que hizo fue revolverse en la jaula, donde abrió luego la boca y bostezó muy despacio, y, con casi dos palmos de lengua que sacó fuera, se espolvoreó los ojos y se lavó el rostro; hecho esto, sacó la cabeza fuera de la jaula y miró a todas partes con los ojos hechos brasas, vista y ademán para poner espanto a la misma temeridad. Sólo don Quijote lo miraba atentamente, deseando que saltase ya del carro y viniese con él a las manos, entre las cuales pensaba hacerles pedazos". Pues una acción de este tipo he visto yo, de niño, en un cine de barrio, pero que no era Quijote sino ¡Tarzán el encargado de esta hazaña! Tanto se ha encariñado vuesa merced con Quijote que a partir de aquí ya no es el Caballero de la Triste Figura sino el Caballero de los Leones es el nuevo sobrenombre que se impone. Además vuesa merced lo lleva a encontrarse con un "hidalgo medianamente rico" que lo atenderá como corresponde a un caballero andante. Luego en las fastuosas bodas de Quitería y Camacho lo hace intervenir exitosamente, tal como lo haría un caballero andante, para evitar un posible duelo de espadas y que triunfe el amor entre Quitería y Basilio.

Respecto de la aventura de la cueva de Montesinos me gustaría hacerle algunas observaciones. Vuesa merced da a entender que la profundidad es de unas ochenta brazas (hoy día diríamos unos ciento treinta y cuatro metros), la medida actual es de tan sólo de cuarenta y ocho brazas (hoy día unos ochenta metros). Lamentablemente no puedo informarle si se habrán "rellenado" esas treinta y dos brazas (¡unos cincuenta y cuatro metros!) en estos cuatrocientos años. Por otro lado, y al margen de la real profundidad de la cueva, si Quijote quisiera descender hoy le costaría algo así como doscientos cincuenta maravedís y sólo lo podría hacer, de martes a domingo, de desde las diez hasta las dos de la tarde, y luego desde las cuatro hasta las seis de la tarde. Complicaciones de la vida actual, estimado amigo Miguel…

De los asnos y sus rebuznos no tengo nada que comentarte ni tampoco del titiritero y el descalabro que le hace Don Quijote en sus figurines.

Y cuando falta poco más del veinticinco por ciento de tu obra, es decir no poco, comienza vuesa merced el final a toda orquesta. Las reivindicaciones para con su héroe llegan a la apoteosis y, si bien luego quiere darnos a entender que Quijote y Sancho son tomados por bufones de lujo, sólo Sancho es realmente maltratado. Pero incluso el escudero tiene su propia reivindicación cuando lo ponen al frente del gobierno de una supuesta ínsula. Evidentemente no quiso usted escatimar halagos hacia tu querido Don Quijote en el comienzo de la penúltima gran aventura: "…; y al entrar en un gran patio, llegaron dos hermosas doncellas y echaron sobre los hombros a Don Quijote un gran manto de finísima escarlata, y en un instante se coronaron todos los corredores del patio de criados y criadas de aquellos señores, diciendo a grandes voces:
- ¡Bien sea venido la flor y la nata de los caballeros andantes!
Y todos, o los más, derramaban pomos de aguas olorosas sobre don Quijote y sobre los duques, de todo lo cual se

admiraba don Quijote; y aquél fue el primer día[18] que de todo en todo conoció y creyó ser caballero andante verdadero, y no fantástico, viéndose tratar del mesmo modo que él había leído se trataban los tales caballeros en los pasados siglos." Para usarlos de bufones los duques no han escatimado esfuerzo y dinero.

Muy bueno Miguel, en el ingreso al castillo, el sabroso contrapunto entre Sancho y la dueña[19] Doña Rodríguez de Grijalva:
"- Hermano si sois juglar – replicó la dueña -, guardad vuestras gracias para donde lo parezcan y se os paguen, que de mi no podréis llevar sino una higa.
- Aún bien – respondió Sancho – que será bien madura, pues no perderá vuesa merced la quínola[20] de sus años ¡por punto menos!
- Hijo de puta – dijo la dueña, toda ya encendida en cólera -, si soy vieja o no, a Dios daré cuenta, que no a vos, bellaco, harto de ajos[21]."
Y nuevamente aprovecha vuesa merced, la ocasión para agarrártelas con un cura. En este caso se trata del eclesiástico que atiende la casa de los duques. Ya no me caben dudas de cuán mal le caen ¡Sería bueno que me contara por qué! Aunque como le dije, su religiosidad no apabulla, tiene además algo personal con los eclesiásticos:
"….La duquesa y el duque salieron a la puerta de la sala a recibir al Quijote, y con ellos un grave eclesiástico, destos que gobiernan las casas de los príncipes; destos que, como no nacen príncipes, no aciertan a enseñar como lo han de

---

[18] ¡y el único!
[19] Por supuesto te refieres al femenino de mayordomo.
[20] ¿Estáis usando este término en su acepción de ´extravagancia´?
[21] ¿Indicas que la dueña, molesta por los comentarios de Sancho lo llama despreciativamente plebeyo porque su comida está repleta de ajo o es él un manojo de ajos?

ser los que lo son; destos que quieren que la grandeza de los grandes se mida con la estrecheza de sus ánimos; destos que, queriendo mostrar a los que ellos gobiernan a ser limitados, les hacen ser miserables; destos tales, digo que debía ser el grave religioso que con los duques salió a recebir a don Quijote."

En esta etapa, vuesa merced cambia la característica intelectual de Sancho que, sin perder su apetito, de su boca comienzan a salir grandes verdades. Habiendo pujado el duque para que Quijote se sentara a la cabecera de la mesa, interviene Sancho para contar un cuento que, como siempre dilata en detalles y desvíos pero cuyo remate es el siguiente:
"-<<Digo, así – dijo Sancho-, que estando, como he dicho, los dos para sentarse a la mesa, el labrador porfiaba con el hidalgo que tomase la cabecera de la mesa, y el hidalgo porfiaba también que el labrador la tomase, porque en su casa se había de hacer lo que él mandase; pero el labrador, que presumía de cortés y bien criado, jamás quiso, hasta que el hidalgo, mohíno, poniéndoles ambas manos sobre los hombros, le hizo sentar por fuerza, diciéndole: "Sentaos, majagranzas[22] que adondequiera que yo me siente será vuestra cabecera. >>" ¡El cuentito a Don Quijote lo puso un tanto incómodo pero, vaya que con el duque, don Sancho, quedó … como un duque!

Un poco más adelante vuesa merced vuelve a cargar contra los curas. El eclesiástico que atiende el castillo se da cuenta que el personaje que tiene ante su vista es nada más y nada menos que el Don Quijote. Entonces le recuerda al duque que ya antes lo reprendía por su lectura de la primera parte de la historia del

---

[22] Miguel ¿Se refiere Sancho a un hombre pesado y necio?

caballero andante, diciéndole que era una sarta de disparates. Encarándolo nuevamente le dice al duque: "Vuestra excelencia, señor mío, tiene que dar cuenta a Nuestro Señor de lo que hace este buen hombre. Este don Quijote, o don Tonto, o como se llama, imagino yo que no debe de ser tan mentecato como vuestra excelencia quiere que sea, dándole ocasiones a la mano para que lleve adelante sus sandeces y vaciedades…." Acto seguido se la agarra con el propio Don Quijote y lo manda a que vaya a atender su casa en lugar de andar vagueando por allí. Y aquí vuesa merced pone en boca del Quijote toda una diatriba hacia el cura, dejándolo de vuelta y media:

"- El lugar donde estoy, y la presencia ante quien me hallo y el respeto que siempre tuve y tengo al estado que vuesa merced profesa tienen y atan las manos de mi justo enojo; y, así por lo que he dicho como por saber que saben todos que las armas de los togados son las mesmas que las de la mujer, que son la lengua, entraré con la mía en igual batalla con vuesa merced, de quien se debía esperar antes buenos consejos que infames vituperios. Las reprehensiones santas y bien intencionadas otras circunstancias requieren y otros puntos piden: a lo menos, el haberme reprehendido en público y tan ásperamente ha pasado todos los límites de la buena reprehensión, pues las primeras mejor asientan sobre la blandura que sobre la aspereza, y no es bien que, sin tener conocimiento del pecado que se reprehende, llamar al pecador, sin más ni más, mentecato y tonto. Si no dígame vuesa merced: ¿Por cuál de las mentecaterías que en mí ha visto me condena y vitupera, y me manda que me vaya a casa a tener cuenta en el gobierno della y de mi mujer y de mis hijos, sin saber si la tengo o los tengo? …" Sabe usted Miguel que en este párrafo me vino a la mente el discurso de un superministro de economía de Argentina que en su momento mandó a una científica <a lavar los platos>. A releer este episodio entre el cura y Quijote comprendo mejor la posición canónica que adoptaba el superministro y la posición quijotesca que le tocaba en suerte a la investigadora …

Como ya le he señalado en varios párrafos, algunas de las reflexiones de sus personajes poseen una sorprendente actualidad. Un buen ejemplo aparece cuando el duque acaba de ofrecerle a Sancho Panza la gobernación de la ínsula. El Quijote dice ver en Sancho cierta aptitud para gobernar y agrega: "… que ya por muchas experiencias sabemos que no es menester ni mucha habilidad ni muchas letras para ser uno gobernador, …" Que con que sea carrero basta y sobra, agregaría yo.

Otro tema que merece aclaración es el encantamiento de Dulcinea. Aparece en esta etapa del relato, un intercambio de encantamientos entre la señora duquesa y Sancho Panza. Sancho está convencido que los "encantamientos" que "sufre" Dulcinea no son ni más ni menos que el resultado del engaño que él mismo urdió con el propósito de evitar la ira del Quijote por no haber cumplido con la entrega de la carta a Dulcinea. Pero la duquesa le "aclara" que el engañado es él, Sancho Panza, que también ha caído bajo el influjo de los encantadores. Todo este enredo equivale al remanido tema del "sueño que estoy soñando" o "no sé si esto que me sucede es real o es un sueño". A esta altura Sancho no sabe si realizó el engaño o si él mismo ha sido engañado por los encantadores, que le han hecho creer que vio una labradora cuando en realidad se trataba de la propia Dulcinea, con toda su hermosura y virtudes. Pongamos negro sobre blanco Miguel; vuesa merced sabe, tanto como yo, que Dulcinea realmente goza de un encantamiento (¡digo goza y no padece!) y que, ese encantamiento persiste hasta hoy y ha existido desde que Eva dio la manzana a Adan. Dulcinea es, fue y será una y cada una de las mujeres que han hecho latir aceleradamente el corazón de un hombre. Puede tener ella la apariencia de una labradora, una princesa, puede ser la hembra que nos acompaña o puede ser la fugaz visión de aquella mujer que cruzó la calle. Y por favor, que Don Quijote no insista más en romper el encantamiento de Dulcinea, pues debe darse cuenta que en realidad ese es su encanto y el primer perjudicado será él mismo. ¡Qué viva pues, encantada Dulcinea, para que cada hombre sueñe con que será capaz de convertir a esa mujer en la real Dulcinea! ¡Por favor Miguel, déjanos creer que Dulcinea existe! Afortunadamente Sancho evitó cumplir con la condición que hubiera desencantado a Dulcinea ¡Los tres mil y trescientos azotes que le tocaban a Sancho para sacarle el encantamiento deberían recibirlos aquellos que pretenden quitarle el encanto a Dulcinea!

He leído la carta que le envía Sancho a su señora y por la fecha de esa carta colijo que vuesa merced estaba escribiendo este tramo de la historia a mediados de 1614 ¿es así? Por eso me extraña tanto su afición por los átomos, prácticamente desconocidos para el vulgo de la época. También en la malhadada aventura del caballo de madera, el Clavileño, Sancho tiene una comparación más propia de nuestra época que del año 1614. Compara el tamaño de la Tierra vista desde los cielos con un grano de mostaza. Si vuesa merced revisara muchos de los libros de su época, relacionados con la epopeya de la invasión a América, observaría que dedican generalmente el primer capítulo a sustentar la idea que existen los antípodas. Varias páginas corroboran la idea que los antípodas son posibles. La idea que ustedes tenían estaba en esos años a mitad camino entre la Tierra como centro del universo y la posibilidad heliocéntrica. Imaginar la Tierra como un grano de mostaza revela no sólo el concepto de una imagen vista desde una nave espacial que anduviera por Marte sino que destrona a nuestro planeta de su posición privilegiada, lo cual aún no era bien visto por la Inquisición. Mira que se arriesgaba usted Miguel ¿Tenía, por casualidad, algún amigo en las altas esferas del poder?

Volviendo al Clavileño, me parece muy penosa la inserción de esta aventura. Parece que estéticamente vuesa merced no podía aceptar que las últimas travesuras de Don Quijote y su escudero Sancho Panza fueran realmente venturosas y tuvieran un barniz acorde con la idea de caballero andante que nos propone el Ingenioso Hidalgo desde el principio de la historia. Quizás salva un poco la situación Sancho, contando disparatadas aventuras supuestamente vividas en el viaje por el espacio y cargando, de esta manera, a los propios duques generadores de la broma pesada. Nos dejas flotando la duda si Sancho espió o no espió por el borde de la venda que tenía sobre sus ojos. Es un detalle pero me gustaría que me aclararas este punto.

Respecto de la gobernación de la famosa ínsula, prometida repetidamente por Don Quijote a Sancho y finalmente otorgada por el duque, surge en el relato la duda que, no debiendo atravesar agua alguna para llegar a dicha ínsula, sea realmente una isla. De esto algún personaje secundario hace alguna observación, pero bueno, aquí debo aclararte yo a ti que, si bien en tu época ínsula es lo que entendemos hoy día por isla, las cosas han cambiado actualmente. Según la Real Academia[23]:

---

[23] Le comento Miguel que, la Real Academia Española la fundó Juan Manuel Fernández Pacheco, marqués de Villena en 1713. Luego Felipe V (rey de España) la aprobó y puso bajo su amparo y Real Protección.

Ínsula.

> (Del lat. *Insŭla*).
>
> **1.** f. Lugar pequeño o gobierno de poca entidad, a semejanza del encomendado a Sancho en el *Quijote*.
>
> **2.** f. ant. Isla (porción de tierra rodeada de agua por todas partes).

Como puede apreciar, querido Miguel, la posteridad ha cambiado, en su primera acepción, el significado de ínsula y, lo que es más ¡cita su libro como referencia a esta acepción! Supongo que se sentirá alagado después de esto…

Vamos a otra, los consejos que Quijote le da a Sancho para el mejor gobierno de la ínsula bien servirían para quienes deben asumir el gobierno de un país hoy en día. Vale en particular cuando le dice: "…. Hallen en ti más compasión las lágrimas del pobre, pero no más justicia, que las informaciones del rico. Procura descubrir la verdad por entre las promesas y dádivas del rico, como por entre los sollozos e importunidades del pobre…." Sin embargo no me queda tan claro porque tanto énfasis en los consejos de Don Quijote en que Sancho diga eructar en lugar de regoldar, ambas expresiones están aceptadas por la Real Academia Española ¿o será que luego de las observaciones de vuesa merced se decidió que podían usarse ambas palabras?

Finalmente reconoces en el capítulo XLIV que el agregado de las novelas fue artificioso y tratas de justificarlo (usando una vez más a Cide Hamete Benengueli) diciendo que: "… por haber tomado entre manos una historia tan seca y tan limitada como esta de don Quijote, por parecerle que siempre había de hablar dél y de Sancho, sin osar estenderse a otras digresiones y episodios más graves y más entretenidos; y decía que ir siempre atenido el entendimiento, la mano y la pluma a escribir de un solo sujeto y hablar por las bocas de pocas personas era un trabajo incomportable, cuyo fruto no redundaba en el de su autor, y que, por huir deste inconveniente, había usado en la primera parte del artificio de algunas novelas, como fueron la del Curioso Impertinente y la del Capitán cautivo, que están como separadas de la historia, puesto que las demás que allí se cuentan son casos sucedidos al mismo don Quijote, que no podían dejar de escribirse. También pensó, como él dice, que muchos, llevados de la atención que piden las hazañas de don Quijote, no la darían las novelas, y pasarían por ellas, o con priesa o con enfado, ..." Pues mi querido Miguel, en esto ha logrado penetrar en mi mente con cuatrocientos años de anticipación, pues efectivamente he pasado por ellas ¡Con priesa y enfado! En la segunda parte ha evitado ese recurso y por supuesto que tal como sugiere *"le daré alabanzas, no por lo que escribieras, sino por lo que ha dejado de escribir"*.

Volvemos luego al tema de la castidad que el Ingenioso Hidalgo pretende mantener, en honor de Dulcinea. Parece que ese tema no le es sencillo de resolver: "...Don Quijote se retiró en su aposento solo, sin consentir que nadie entrase con él a servirle: tanto le temía de encontrar ocasiones que le moviesen o le forzasen a perder el honesto decoro que a su señora Dulcinea guardaba, ..." Bueno ¡parece que era hombre al de cuentas nuestro Caballero! Quien estaba "asediando" a Don Quijote y por ello no quería que nadie entrara a su aposento, era Altisidora que, según ella no llegaba a los quince añitos. Aquí su relato es confuso y me asalta una duda ¿Se ha enamorado Altisidora de Don Quijote o es tan sólo que continúa con la farsa pergeñada por los duques? Luego de la refriega con el gato, la cara del Quijote parece que ha quedado bastante estropeada y justamente Altisidora es quien lo atiende: "… con sus blanquísimas manos le puso unas vendos por todo lo herido; y, al ponérselas, con voz baja le dijo:

– Todas estas malandanzas te suceden, empedernido caballero, por el pecado de tu dureza y pertinacia; y pliega a Dios que se le olvide a Sancho tu escudero el azotarse, porque nunca salga de su encanto esta tan amada tuya Dulcinea, ni tú lo goces, ni llegues a tálamo con ella, a lo menos viviendo yo, que te adoro.". Cuando ya se estaba yendo del castillo Don Quijote, la niña le espeta: "Escucha, mal caballero; detén un poco las riendas; no fatigues las ijadas de tu mal regida bestia. Mira falso, que no huyas de alguna serpiente fiera, sino de una corderilla que está muy lejos de oveja … te llevas tres tocadores, y unas ligas, de unas piernas que al mármol puro se igualan en lisas, blancas y negras…." Casi se baten el duque y Don quijote por el asunto de las ligas hasta que Altisadora dijo entonces: "Una no más quiero que escuches, oh valeroso don Quijote y es que te pido perdón del latrocinio de las ligas, porque, en Dios y en mi ánima que las tengo puestas …" ¡Una Lolita[24] la Altisidora esta! Hasta Sancho, que desconfiaba de cada personaje que rondaba a su amo, se convence de la sinceridad de los requiebros de Altisidora: "Maravillado estoy, señor, – le dice al Quijote – de la desenvoltura de Altisidora, la doncella de la duquesa: bravamente la debe tener herida y traspasada aquel que llaman amor …". Creo que para vuestra época no resultaba tan chocante una relación de este tipo pero le aclaro Miguel que si Don Quijote hubiera

---

[24] Le aclaro Miguel que Lolita es el nombre de una famosa novela del escritor Vladimir Nabokov, de 1955. Allí se narra como una púber de doce años seduce a un hombre cercano a los cincuenta años. Algo parecido a lo que le está huyendo Quijote.

tenido relaciones con Altisidora, en la actualidad se lo
consideraría estupro. En vuestra época estupro significaba
el coito no consentido con una soltera núbil o con una
viuda. Te transcribo lo que se entiende ahora por estupro:
*¨Coito con persona mayor de doce años y menor de diez y
ocho, prevaliéndose de superioridad, originada por
cualquier relación o situación¨*...

Puesto ya a gobernar su ínsula a Sancho se le
presentan pleitos unos atrás de otros, entre los casos que
debe resolver le presentan la siguiente paradoja: "<Si
alguno pasare por esta puente de una parte a otra, ha de
jurar primero adónde y a qué va; y si jurase verdad,
déjenle pasar; y si dijere mentira, muera por ello ahorcado
que allí se muestra, sin remisión alguna>. Sabida esta ley
y la rigurosa condición della, pasaban muchos, y luego en
lo que juraban se echaba a ver que decían verdad, y los
jueces los dejaban pasar libremente. Sucedió, pues, que,
tomando juramento a un hombre, juró y dijo que para el
juramento que hacía, que iba a morir en aquella horca que
allí estaba, y no a otra cosa. Repararon los jueces en el
juramento y dijeron: <Si a este hombre lo dejamos pasar
libremente, mintió en su juramento, y, conforme a la ley,
debe morir; y si le ahorcamos, el juró que iba a morir en
aquella horca, y, habiendo jurado verdad, por la misma
ley debe ser libre>. Pídese a vuesa merced, señor
gobernador, que harán los jueces de tal hombre; que aún
hasta agora están dudosos y suspensos." No se imaginaba
vuesa merced, que cuando puso esta paradoja, quizás
como un chascarrillo más, que trescientos dieciséis años
después, el problema planteado en la paradoja, iba a
formalizarse matemáticamente mediante el teorema de

Gödel[25]. Este teorema trata de la incompletitud de sistemas matemáticos generados sobre la base de una cierta lógica. Existen numerosos ejemplos similares al que nos cuenta en su libro. Uno muy simple es el siguiente: Tome una hoja de papel, de un lado escriba "Lo que afirma el texto en el reverso de esta hoja es falso". Ahora escriba en el reverso: "Lo que afirma el texto en el reverso de esta hoja es verdadero". Las dos proposiciones tomadas en conjunto constituyen una proposición "indecible". Veamos otro caso más elaborado. Nos resulta cómodo y elegante agrupar las cosas, conceptos, individuos, plantas o animales en clases de elementos similares[26]. Por ejemplo la clase de "frutas" comprende entre otras, las manzanas, las peras y las uvas. En la clase denominada "hombre", estamos comprendidos, entre otros, vuesa merced Miguel y yo Dino. En la clase religión están comprendidas, entre otras, el catolicismo, el judaísmo y el islamismo. En la clase "sentimientos" tenemos, por ejemplo, el amor, el odio y el fanatismo. Bueno, como vemos Miguel, tenemos todas las cosas, objetos, seres o conceptos bien agrupados en clases. Pero existen elementos únicos y para ellos estableceremos la regla que, una clase para que se la pueda considerar como tal, debe comprender más de un elemento ¡No es cuestión de generando clases por doquier, sin ton ni son! Tenemos, por ejemplo que usted, Miguel, como escritor es único (y lo digo en el más amplio sentido). La clase de "números" está compuesta por el 1, 2, ½, 3,14159...., etc. Pero el concepto de cuatro es único. Por supuesto en el caso del

---

[25] Obviamente Miguel, vuesa merced no conoce a Gödel (1906-1978) pero no se preocupe pues tampoco es demasiado famoso en la actualidad. De origen alemán ha sido, sin embargo, uno de los lógicos más importante. A los veinticinco años publicó sus dos teoremas de la incompletitud que se pueden relacionar con la paradoja del ahorcado.

[26] ¡Esto es casi una manía para zoólogos y botánicos!

cuatro sólo consideramos el concepto y no las múltiples formas de representarlo (arábiga, romana, etc.). El respeto que le tengo como escritor también es un sentimiento único que no puede ser agrupado en una clase junto con los sentimientos que puedan tenerle otras personas, pues es diferente y único. Entonces para dar por terminada nuestra tarea crearemos la clase, que llamaremos clase "D"[27], que comprenderá todo aquello que no esté comprendido en alguna clase, es decir de los elementos únicos sean ellos objetos, seres o conceptos.

¡Uf! Hemos logrado agrupar lógicamente a todos los objetos, seres y conceptos. Deberíamos tomarnos un descanso Miguel ¡y por qué no una cerveza! Antes repasaremos la lógica creada:

1 Todos los seres, objetos y conceptos (elementos) similares se agrupan en clases.

2 Las clases deben agrupar más de un elemento.

3 La clase D agrupa a todos los seres, objetos y conceptos que no pudieron ser agrupados en una clase según las proposiciones (1) y (2).

Parece una lógica simple y prolija… pero no lo es pues presenta una fisura: Los elementos únicos lo son en el sentido que no comparten propiedades con otros elementos pero ¡justamente han sido incorporados a la clase D porque comparten esa propiedad! Pero si al menos comparten una propiedad, son similares en eso y no pueden pertenecer a la clase D. Es decir no podemos dejarlos en esa clase pero tampoco sacarlos. Este ejemplo fue propuesto, con más formalismo matemático, por

---

[27] Desperdicios.

Bertrand Russell[28], quien buscaba resolver uno de los problemas planteados por Hilbert[29]:

1. Toda la matemática se construye a partir de un sistema finito de axiomas escogidos correctamente.

2. Ese sistema axiomático se puede probar que es consistente

Postulados que evidentemente no cumplen las paradojas propuestas. Le comento un último ejemplo más simple: Viendo las colas que se generaban a ciertas horas en las ventanillas de un banco, el gerente decidió abrir una ventanilla para "sólo cliente que aún no hubiera sido atendido". Al menos así era lo que decía el cartel que mandó poner sobre la ventanilla en cuestión. Pero el empleado encargado de dicha ventanilla, entretenido en sus crucigramas, cada vez que se acercaba un cliente que aún no había sido atendido, lo rechazaba con el argumento que, si los atendía ¡ya no sería "cliente aún no atendido" y que esa ventanilla sólo estaba para dicho cliente! A lo cual los clientes no atendidos protestaban airadamente pues ellos se consideraban, muy justamente, clientes que aún no habían sido atendidos. Cuentan, Miguel, que el gerente llamó a nuestro común amigo Sancho para que los sacara del intríngulis… ¡Mira Miguel cuanto se escondía detrás del problema del ahorcado que le plantearon a Sancho!

Atinado fin le has hecho poner a Sancho de su gobernación en la ínsula y muy acertadas y recomendables para los gobernadores de todas las épocas

---

[28] Aquí le traigo otro personaje Miguel, se trata de un matemático y filósofo que seguramente hubiera sido quemado en tu época por las ideas ateas que profesaba.

[29] Otro matemático alemán famosísimo, cuyos desarrollos sirvieron de base a las modernas teorías físicas: cuántica y relatividad. Pero bueno, basta no quiero hacerle más embrollos en su cabeza Miguel.

sus palabras de despedida: "desnudo nací, desnudo me hallo: ni pierdo ni gano; quiero decir, que sin blanca entré en este gobierno y sin ella salgo, bien al revés de cómo suelen salir los gobernadores de otras ínsulas" y firme en su decisión ni siquiera es tentado por la posibilidad de unas buenas comidas que le ofrecen. Mientras que a Quijote lo haces proceder casi como un autista[30], Sancho se mueve con una sutil ironía y elegantemente pone fin a la farsa de los duques.

Finalmente, en la narración del encuentro de Sancho con su viejo amigo, el morisco Ricote, realizas una valiente y subliminal crítica a la medida del rey de expulsar a los musulmanes del territorio español. Y digo finalmente porque el tema de los árabes había aparecido repetidas veces durante las aventuras de Don Quijote pero, siempre parecías ignorar que justo para la época que componías el libro el rey estaba expulsándolos. Pones en esa escena un prudentísimo Sancho que, por "respeto" a las autoridades, rechaza la oferta de acompañar al morisco en la búsqueda de un tesoro que habría dejado oculto antes de su partida. ¡Tú y Sancho sabían muy bien la que les esperaba si entraban en tratos con el morisco!

Llegando a Barcelona, Don Quijote se encuentra con un bandolero, Roque Guinart. Nuevamente muestras, Miguel, una cierta simpatía por quienes viven fuera de la ley. A Guinart lo presentas como una especie de Robin

---

[30] Le comento Miguel las actuales definiciones de la Real Academia para el autismo:
1.m. Repliegue patológico de la personalidad sobre sí misma.
3. Medicina. En psiquiatría, síntoma esquizofrénico que consiste en referir a la propia persona todo cuanto acontece a su alrededor.

Hood[31] y dado el discursito que se manda, Don Quijote lo invita a convertirse en caballero andante: "A mí me han puesto en no sé qué deseos de venganza, que tienen fuerza de turbar los más sosegados corazones; yo, de mi natural, soy compasivo y bien intencionado; pero, como tengo dicho. El querer vengarme de un agravio que se me hizo, así da con todas mis buenas inclinaciones en tierra, que persevero en ese estado, a despecho y pesar de lo que entiendo; y, como un abismo llama a otro y un pecado a otro pecado, hanse eslabonado las venganzas de manera que no sólo las mías, pero las ajenas tomo a mi cargo; ..." Supongo que estás interpretando un sentimiento latente en la comunidad que te rodeaba y que, aún hoy persiste ...

En Barcelona vuelve usted sobre el tema de la expulsión de los moros. La prudencia con que trata el tema de los moros expulsados trasluce una sutil añoranza por ellos y un cierto dejo de reproche por una acción que habría sido exagerada. Aprovecha vuesa merced aquí para descargar tu ira sobre los turcos, insinuando que prefieren un mancebo a una señorita ... Te recuerdo que, los árabes expulsados de España y lo turcos son islámicos en ambos casos.

Aunque, como verá vuesa merced, discrepo con el final que ha dado a su historia, usaré sin embargo el paso de Don Quijote por el castillo de los duques, luego de su derrota frente al caballero de la Blanca Luna, para señalarle que ha vuelto reiteradamente al personaje de Altisidora (¡no ha hecho vuesa merced lo mismo con el de

---

[31] Seguramente tiene que haber sentido hablar de este personaje, recuerde vuesa merced que el primero que lo menciona en un escrito es William Langland en 1377 y muy posteriormente sale "La pequeña gesta de Robin Hood" de Wyrkyn de Worde en 1459. Te sorprendería lo popular que es hoy en día.

Maritornes!). Esta niña vuelve y vuelve a aparecer y las muestras más acabadas del amorcillo que siente por el Quijote son sus palabras de despecho cuando vuelve a ser rechazada: "-¡Vive el Señor, don bacalao, alma de almirez, cuezco de dátil, más terco y duro que villano rogado cuando tiene la suya sobre el hito, que si arremeto a vos, que os tengo de sacar los ojos! ¿Pensáis por ventura, don vencido y don molido a palos, que yo me he muerto por vos? Todo lo que habéis visto esta noche ha sido fingido; que no soy yo mujer que por semejantes camellos había de dejar que me doliese el negro de la uña, cuanto más morirme." Y siguió luego: "..., me quiero quitar de aquí, por no ver delante de mis ojos ya no su triste figura, sino su fea y abominable catadura." Típicas palabras de una mujer rechazada …

Cuan afectado te has visto con la edición de la segunda parte, bastardeada por otro autor. Muy cómico que el Quijote descubriera la impresión de la segunda parte en una imprenta cuando aún andaba en plena campaña por Barcelona. Notable que no se le ocurriera tratar de averiguar cómo terminaba su historia en ese libro que estaban imprimiendo. Hubo una película del lejano oeste americano en la cual los personajes luego de pelearse y derrumbar el escenario del salón se persiguen por la calle y terminan entrando a un cine para ver cómo termina la película[32]. Bueno seguramente al leer esto te estarás preguntando qué es eso de una "película". Te comento que no se trata de una piel muy delgada sino de algo así como una obra de teatro …

---

[32] Estimado Miguel, por si allí puede ahora verla le comento que la película se denomina "Locuras en el Oeste" (1974) dirigida por Mel Brooks y su título original fue, Balzing Saddles.

Y no puedo seguir adelante en mis observaciones sin objetar el final que le has dado. Resulta penoso que si Don Quijote nos dio su palabra que viviría y moriría como caballero andante termine en una cama rodeado de sus amigos (algunos no tanto) y agonizando durante tres días: "caballero soy y caballero he de morir si place al Altísimo" (capítulo XXXII). Este final es similar al que suele usarse en los viejos libros moralistas donde el ateo terminaba pidiendo que viniera el cura a confesarlo en su lecho de muerte (bueno quizás para vuesa merced no sean libros tan viejos). ¡NO, NO y NO! El Ingenioso Hidalgo de la Mancha merecía un final mucho más digno, y lo tenía vuesa merced servido en bandeja de plata, de plata blanca como la blanca luna … en la aventura que tuvo con el caballero de la Blanca Luna. Yo le propongo el siguiente final y usted me dirá que le parece:

En el duelo con el caballero de la Blanca Luna, el Quijote resulta atravesado por la lanza del contrincante y cae ya muerto de su caballo Rocinante. Pero en ese encuentro el caballero de la Blanca Luna es también tocado por la lanza del Don Quijote y queda cabeza abajo mal sostenido por su cabalgadura. Sancho, que azorado, presencia la escena, se enfurece. Asume entonces, por primera vez con valor, su condición de escudero, toma la espada del Quijote y girándola por el aire descarga varios golpes sobre el cuerpo del bachiller Carrasco, que como se le había caído la celada ya no quedan dudas de quién se trataba. Con el bachiller ya tendido en el suelo, Sancho culmina su venganza, abriéndole la cabeza con un certero golpe de la espada. Luego Sancho arroja el arma ensangrentada y se aproxima lentamente a Don Quijote, se arroja sobre su cadáver y abrazándole llora desconsoladamente.

Es el día siguiente, el Cura, el Barbero, el ama y la sobrina están velando a Don Quijote, en los mensajes de las flores han tenido la desagradable idea de ponerle Alfonso Quijano. Mientras tanto Sancho ha sido apresado por la Santa Hermandad y será sentenciado a muerte mediante la pena del garrote. El Quijote es entonces velado en la habitación donde tenía sus libros antes que fueran quemados por el cura y el barbero. El cuarto se encuentra en penumbra, la adarga, la lanza y la espada, arrumbados en un rincón. Todos continúan en silencio y semiconfundidos por la oscuridad hasta que se abre una puerta y aparece Dulcinea. Se trata de una aldeana bonita, de algo más de treinta años, vital pero no muy elegante. Se aproxima al cajón bajo la mirada ceñuda del cura, el ama y la sobrina y, algo picaresca del barbero. Deposita una flor sobre el cuerpo de Don Quijote y le da un beso en los labios. El ama y la sobrina la increpan y ella contesta muy suavemente: - Desde hace más de diez años que admiro su figura. Él ha crecido más en mi alma cuando me enteré del valor con que encaraba su locura, quién sino él podría tener el valor de salir a enmendar el mundo, matar los gigantes del poder, luchar contra los hechizos que nos confunden la realidad...- hace una pausa, lo mira con dolor y continúa – Cuando me buscó yo no estaba y cuando me decidí a buscarlo lo hallo muerto...- Nadie contesta nada, Dulcinea se retira sin volver la cabeza y Don Quijote nos guiña un ojo[33] ...

---

[33] Dígame vuesa merced la verdad ¿Es Aldonza Lorenzo en realidad la hermana del presunto loco don Rodrigo de Pacheco? ¿La ha conocido usted cuando estuvo preso en Argamesilla (hoy Argamasilla de Alba)? ¿Estuvo preso por la recaudación irregular de Alcabalas o por los requiebros irrespetuosos hacia Aldonza justamente a la entrada de la iglesia? ¿Se inspiró vuesa merced en la locura del hidalgo don Rodrigo de Pacheco? Si me aclara esta cuestión, vale, pues andan en corrillos por la Internet... ¡Y no pienso hoy explicarle que es la internet!

Quiero que entienda vuesa merced que no es mi intención escribir otro Quijote, como hizo vuestro mal amigo apodado Avellaneda, sino proponerle la posibilidad de pensar un final más acorde con toda la historia. Quisiera además que supiera vuesa merced que esta idea de que los pensamientos de Don Quijote son vuestros pensamientos y en muchos casos una forma elegante de expresarlos sin sufrir las consecuencias, ha sido también propuesto recientemente por Leopoldo de Trazegnies Granda[34].

Querido Miguel hasta aquí he llegado, sólo espero con mucha ansiedad la respuesta a estas observaciones y preguntas, espero que vuesa merced no tome a mal mi impertinencia, quedo a vuestras gratas órdenes,

Un saludo cordial,

Dino Otero
Bachiller,
Licenciado,
Doctor.

---

[34] "A los leyenderos de Cervantes & Cía", Bubok, España, 2010.

Bandeja de entrada

De: Miguel <mcs@eden.lamancha.es>;
Para: Dino Otero <dinootero@fibertel.com.ar>
Enviado: domingo, 22 de abril, 1616 25:00:00
Asunto: Respuesta

Bachiller Otero, no me alcanza la imaginación para comprender de dónde me conoce vuestra merced para que me tratéis con tanta confianza e irreverencia. Habría sido mi primera intención borrar vuestro mensaje pues entendí que vuestra prosa y vuestras intenciones no valían dos maravedíes. Pero me he enterado que por allá andáis más que entreverados con esto de los mensajes que van por el cielo ¡Que justamente aquí es donde he atrapado el vuestro! Me dije entonces, no puedo yo, con la fama que he tomado con el sin par Don Quixote, dejar pasar estas diatribas.

¡Oh bellaco villano, mal mirado, descompuesto, ignorante, infacundo, deslenguado, atrevido, murmurador y maldiciente! ¿Tales palabras osas decir respecto de mi y tales deshonestidades y atrevimientos osaste poner en tu confusa imaginación? Monstruo de la naturaleza, depositario de mentiras, armario de embustes, silo de bellaquerías, inventor de maldades, publicador de sandeces, enemigo del decoro que se debe a las reales personas ¡No perezcas delante de mí, so pena de mi ira! Es posible ¡Oh Dino! Que haya en todo el orbe alguna persona que diga que no eres tonto, aforrado de lo mismo, con no sé qué ribetes de malicioso y de bellaco? ¿Quién te mete a ti en mis cosas y en averiguar si soy bueno o malo como escritor?

También he leído en tu mensaje que has señalado incongruencias en mi libro, insinuando que podría tener vacíos los aposentos de mi cabeza. Pues entiende que sois un grandísimo bellaco y vos sois el vacío y menguado, que yo estoy más lleno que jamás lo estuvo la muy hideputa puta que os parió. Voy a decirle algo, Bachiller Otero, los hombres famosos por su ingenio, los grandes poetas, los ilustres historiadores, siempre, o las más de las veces, son envidiados de aquellos que tienen por gusto y particular entretenimiento juzgar los escritos ajenos. Además le advierto que es grandísimo el riesgo a que se pone el que imprime un libro, siendo de toda imposibilidad imposible componerle tal, satisfaga y contente a todos los que le leyeren. Además, y no va como disculpa de mis errores, has de saber que el responsable final del texto eran el editor e impresor del libro ique muchos cambios me han hecho sin yo autorizarlos!

Me he enterado que también a usted se le ha dado por publicar libros y por eso estos consejos. De que vuesa merced, señor bachiller, haya publicado dichos libros que, si alguno traté de leer no he entendido nada, no digo nada; pero que vaya a tener más fama que Cervantes, póngolo en duda. Sabes lo que creo, que asno eres, y asno has de ser, y en asno has de parar cuando se te acabe el curso de la vida; que para mi tengo que antes llegará ella a su último término que tú caigas y des en la cuenta de que eres bestia.

Dime, truhán moderno y majadero antiguo: ¿parécete bien deshonrar y afrentar a una obra tan veneranda y tan digna de respeto como que será la obra cumbre de la literatura española? ¿Tiempos son los tuyos para acordarte de mi libro? Por Dios es, bachiller Otero, que te reportes, y que no descubras la hilaza de manera que caigan en la cuenta de que eres villana y grosera tela tejido. Enfrena tu mano, considera y rumia cada palabra antes de ponerla por escrito.

No he entendido que es eso que llamas Real Academia Española, pues que como me dices apareció cien años después que yo escribiera la última parte del Quijote, pues coño, que no tengo idea que coño se mete con mi libro. Tampoco entiendo como los reyes ya andan por el quinto Felipe ¿es que no saben que nombres ponerles a los reyes?

Respecto de toda tu sarta de cuestiones no pienso desperdiciar mi precioso tiempo en responderlas. Sólo te diré que estoy de acuerdo con el final que propones pero, vaya como disculpa que el señor editor así me impuso el que tú has leído. Y que espero que no me molestes más, que ya es mucho el tiempo y espacio que te he dedicado, que debo volver a mis actividades que me tienen por aquí muy entretenido.

Preocupado por tu alma,
Miguel de Cervantes Saavedra.

Elemento enviado

De: Dino Otero <dinootero@fibertel.com.ar>
Para: mcs@eden.lamancha.es;
Enviado: domingo, 17 de abril, 2011 15:34:09
Asunto: Nueva consulta

Estimado Miguel,
No esperaba que te enfadaras de esa manera y no acepto los epítetos con que me tratas (supongo que ya es hora que te tutee). Sólo me corroboraste el final propuesto por mí pero no me has aclarado ninguna de mis dudas y sólo has sabido vituperar en contra mío ¿Es que no tienes argumentos y/o no sabes cómo responderme?
Respecto de la Real Academia Española, te recuerdo que oportunamente te aclaré que su propósito fue el de "fijar las voces y vocablos de la lengua castellana en su mayor propiedad, elegancia y pureza". Creo que es realmente impactante que la Real Academia avale su definición de ínsula usando tu obra.
No creí que mi mail pudiera ofenderte y, si así fue, te pido disculpas tratando de comenzar una buena amistad.
Quedo a la espera de tu respuesta,
un cordial saludo,
Dino

Bandeja de entrada

The Post Office   [postmaster@fibertel.com.ar]
Para: dinootero@fibertel.com.ar;
Returned mail: see the transcript[FAILED(1)]

Diagnostic Code:
smtp; 550 (<mcs@eden.lamancha.es>: Recipient address rejected: User unknown in virtual mailbox table)

Virtually Yours,
Automatic Email Delivery Software